AF404348

PROCÈS-VERBAL

DE

L'ASSEMBLÉE

COLONIALE,

DE

LA MARTINIQUE,

CRÉÉE par l'Ordonnance de Sa Majesté du 17 Juin 1787, rédigé par le Comité intermédiaire, en vertu de la Délibération de ladite Assemblée.

A SAINT-PIERRE-MARTINIQUE;
De l'Imprimerie de PIERRE RICHARD, Imprimeur du Roi & du Conseil Souverain.

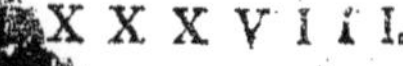

M. DCC.LXXXVIII.

PROCÈS-VERBAL

DE

L'ASSEMBLÉE COLONIALE

DE LA MARTINIQUE,

Créée par l'Ordonnance de Sa Majesté du 17 Juin 1787, rédigé par le Comité intermédiaire, en vertu de la Délibération de ladite Assemblée.

PREMIERE SÉANCE.

Ce jourd'hui, vingt-sept décembre mil sept cent quatre-vingt-sept, à sept heures du matin, MM. les députés de toutes les paroisses de la colonie & des villes de Saint-Pierre & du Fort-Royal, s'étant assemblés dans ladite ville du Fort-Royal, & dans une des salles hautes du conseil, en vertu des lettres de convocation de M. le

A

vicomte DE DAMAS, maréchal des camps & armées du roi, gouverneur & lieutenant-général des îles françoises du Vent, & de M. DE FOULQUIER, chevalier, seigneur de Saint-Hippolite, Liffard, & autres lieux, conseiller du roi en tous ses conseils, conseiller honoraire au parlement de Toulouse, intendant de justice, police, finances, guerre & marine de l'île Martinique & dépendances, à l'effet de former l'assemblée coloniale qu'il a plu à sa majesté d'accorder à son île Martinique, par son ordonnance en date du 17 juin de la présente année, ladite assemblée présidée par M. le vicomte de Damas, général, & M. de Foulquier, intendant, nommés, par sa majesté, commissaires à cet effet, & à laquelle assemblée ont assisté M. de Bourgon, brigadier des armées du roi, commandant en second de la colonie, & M. Guillot de Rochepierre, commissaire de la marine, chargé en chef du service du Fort Royal : il auroit été fait, tout premiérement, lecture de l'ordonnance du roi, ci-dessus mentionnée, adressée à MM. les administrateurs par M. le maréchal de Castries, ministre de la marine & des colonies. MM. les commissaires du roi ayant demandé à MM. les députés les titres justificatifs de leurs qualités, il auroit été remis par chacun d'eux, sur le bureau, l'extrait en forme, soit de l'arrêt du conseil, soit des délibérations des paroisses & des villes qui les ont constitués députés ; & il a été fait regiſtre des noms de MM. les députés en la forme & dans l'ordre suivant.

M. Clarke, doyen & député du conseil supérieur ; M. Rolin de la Hante, aussi conseiller & député dudit conseil ; nommés par arrêt du 6 novembre dernier ; M. Dubuc, intendant des colonies, nommé député de la paroisse de la Trinité, par délibération de ladite paroisse du 2 de ce mois ; M. de Maſſias, chevalier de l'ordre royal & militaire de Saint-Louis, nommé député de la paroiſſe de Saint-Pierre, par délibération de ladite paroiſſe du même jour ; M. Levaſſor, chevalier de Saint-Louis, nommé député de la paroiſſe du Marigot, par délibération du 25 novembre dernier ; M. Pinel - Féreol, chevalier de Saint-Louis, nommé député de la paroiſſe de la Riviere-Salée, par délibération du 2 de ce mois ; M. Féreol de Leyritz, chevalier de Saint-Louis, nommé député de la paroiſſe de ſaint Jean - Baptiſte de la Baſſe - Pointe, par délibération du 25 du mois dernier ; M. de Jorna, chevalier de Saint-Louis, nommé député de la paroiſſe du Trou-au-Chat, par délibération du même jour ; M. Iſaïe Deſgrottes, nommé député de la paroiſſe du Macouba, par délibération de ladite paroiſſe du 2 de ce mois ; M. Aſſier Duhamelin, nommé député de la paroiſſe de la Grande-Anſe, par délibération du même jour ; M. Lafaye Deſguerres, nommé député de la paroiſſe de Notre-Dame de Bon-Port, du bourg Saint-Pierre, par délibération de ladite paroiſſe du 25 du mois dernier ; M. de Lavigne, nommé député de la paroiſſe de ſaint Michel, cul-de-ſac du François, par délibération du 2 de ce mois ; M. Huyghues Cadroux, chevalier de Saint-Louis, nommé député de la paroiſſe du Vauclin, par délibération de ladite paroiſſe du même jour ; M. Delaju pere, nommé député de la paroiſſe du Carbet, par délibération du 8 du mois dernier ; M. Charles-Alexis Legendre de Fougainville, nommé député de la paroiſſe Notre-Dame de Bon-Secours de la Riviere-Pilote, par délibération du 25 du mois dernier ; M. Salles, docteur en médecine, nommé député de la paroiſſe du bourg Saint-Pierre, par délibération du 25 du même mois ; M. Pothuau Deſgattieres, commandant de la paroiſſe ſainte

Rose du Robert, nommé député de ladite paroisse, par délibération du 9 de ce mois ; M. de Latuillerie, nommé député de la paroisse de saint Louis, du Fort-Royal, par délibération de ladite paroisse du 2 de ce mois ; M. Thery Brederode, nommé député de la paroisse Notre-Dame de l'Assomption, de la Case-Pilote, par délibération du 25 novembre dernier ; M. Gagneron Jolimont Dautriche, nommé député de la paroisse de saint Laurent, du Lamentin, par délibération de ladite paroisse du même jour ; M. Lachauffée de Courval, nommé député de la paroisse du Prêcheur, par délibération du 2 de ce mois ; M. Daudiffredy, nommé député de la paroisse Notre-Dame de la Purification, des Trois-Islets, par délibération du même jour ; M. Blondel aîné, nommé député de la paroisse Sainte-Anne, par délibération du 27 du mois dernier ; M. Elie-Louis Maillet, nommé député de la paroisse du Saint-Esprit, par délibération du 2 de ce mois ; M. le le vicomte de Nesmond, nommé député de la paroisse saint Thomas du Diamant, par délibération du 16 de ce mois ; M. Gaudin de Beaumont, nommé député de la paroisse du Gros-Morne, par délibération du 24 du mois dernier ; M. Baylies Dupuy, avocat au conseil supérieur & lieutenant du sénéchal du Fort Royal, nommé député de la paroisse de saint Louis, par délibération du 18 du même mois ; M. le chevalier de Percin, nommé député de la paroisse des Anses-d'Arlets, par délibération du 16 de ce mois ; M. le chevalier de Gannes, nommé député de la paroisse de Sainte-Luce, par délibération du 9 de ce mois ; M. de Chery fils, nommé député de la paroisse du Marin, par délibération du 27 du mois dernier ; M. de Damian, nommé député de la paroisse Sainte-Marie, par délibération du 2 de ce mois.

Et

Et il a été arrêté que les expéditions de l'arrêt du conseil & des délibérations des paroisses & des villes, seroient & demeureroient déposées dans les archives de l'assemblée coloniale.

Après quoi, & avant de procéder à la nomination du secrétaire, il a été délibéré que MM. les général & intendant de la colonie seroient priés de vouloir bien supplier le ministre d'intercéder auprès de sa majesté, pour obtenir quelque modification à l'article XV de l'ordonnance du 17 juin, en ce qui concerne l'inamovibilité du secrétaire, & pour qu'il soit permis à l'assemblée coloniale, après la révolution de quatre années, de délibérer, à la pluralité des suffrages, sur la confirmation dudit secrétaire, ou sur sa révocation, dans le cas où l'on auroit des sujets de mécontentement.

Il a été ensuite procédé à la nomination du secrétaire; & la pluralité des suffrages s'étant réunie en faveur du sieur Jean-Joseph Rigordy, avocat en parlement & au conseil supérieur de la colonie, il a été appellé dans l'assemblée & mis de suite en fonctions.

L'assemblée s'étant occupée, conformément à l'ordre du travail, fixé par l'article XII de la susdite ordonnance, du soin de former la liste des députés qui devront être changés au bout de deux ans, il a été arrêté que cette opération n'auroit lieu qu'à l'assemblée coloniale prochaine.

L'assemblée a procédé au choix de ceux de MM. les députés des paroisses qui doivent former le comité intermédiaire, établi par l'article XI de l'ordonnance, & ce choix, déterminé par la pluralité des suffrages, est tombé sur MM. Dubuc, de Massias, de Leyritz, Levassor, de Jorna & Isaïe Desgrottes. L'assemblée coloniale les a priés

B

de vouloir bien choisir dans la ville de Saint-Pierre , où
le comité fera fa réfidence , une maifon propre & com-
mode pour tenir les affemblées dudit comité, & qui fera en
même temps deftinée à fervir de dépôt aux archives & de
logement au fecrétaire ; l'affemblée coloniale les autorifant,
en conféquence, à foufcrire un bail à loyer de ladite maifon, pour l'efpace de quatre années ; & il a été arrêté
que le prix de ce loyer , ainfi que les frais du bureau
qu'il plaira au comité de fixer par fa premiere délibération , & qui doivent être accordés au fecrétaire, feront
payés des fonds de la caiffe des negres jufticiciés.

L'affemblée devant s'occuper de l'affiette & répartition
de l'impofition, MM. les général & intendant ont déclaré,
conformément à l'article XVII de l'ordonnance, que,
n'ayant reçu de fa majefté aucun mémoire concernant la
fomme de l'impofition à prélever pour l'année prochaine
1788 , l'impofition devoit être fixée , comme celle
de l'année préfente, à la fomme d'un million, argent
des colonies , laquelle fomme doit être verfée dans
les coffres du roi, quitte de tous frais de perception ; &
ils ont en conféquence prié tous les membres de l'affemblée de procéder, avec toute la liberté poffible, a l'affiette & à la répartition de l'impôt ; les invitant à com-
muniquer tous les mémoires qu'ils pourroient avoir relatifs
à cet objet ; offrant, de leur côté, de donner à l'affemblée
coloniale, tous les renfeignemens propres à l'éclairer fur
l'objet important de fa délibération ; & MM. les adminiftrateurs ont remis, en même temps, fur le bureau, des
états, des comptes arrêtés & certifiés, des extraits des
regiftres du bureau du Domaine, & tous les documens
néceffaires pour l'exécution des ordres de fa majefté, &
propres à donner les connoiffances relatives à l'impôt.

Sur quoi plusieurs de MM. les députés ont lu des mémoires sur l'imposition à établir ; &, deux heures étant sonnées, il a été délibéré & arrêté de clorre la présente séance, & d'en renvoyer la continuation à demain sept heures du matin. Et a été en conséquence le présent procès-verbal clos, arrêté & signé par qui de droit, les jour & an que dessus. *Signé* DAMAS & FOULQUIER.

SECONDE SÉANCE.

CEJOURD'HUI, vingt huit décembre, à sept heures du matin, l'assemblée coloniale s'étant réunie, en continuation de la précédente séance, dans la même salle du conseil, après que lecture a été faite du procès-verbal de délibération du jour d'hier, il a été remis sur le bureau, par plusieurs de MM. les députés, des mémoires, renfermant des vues générales sur l'imposition & sur les moyens d'améliorer le sort des redevables ; & l'assemblée en ayant pris connoissance, il a été delibéré que ces mémoires seroient déposés dans les archives.

Lecture a pareillement été faite de divers projets pour l'assiette & la répartition de l'impôt, & la matiere mise en délibération, en vertu de l'article XVII de l'ordonnance, l'assemblée coloniale considérant qu'une juste & utile répartition de l'impôt étant en général l'acte le plus difficile de l'administration, cet acte devoit l'être encore plus là où l'administration feroit plus compliquée que partout ailleurs : qu'il n'étoit donc pas possible d'asseoir justement & utilement un impôt dans cette colonie, sans s'être auparavant bien démontré, pourquoi l'établissement étoit

fait, & comment il exiftoit en lui-même, puifque l'admi-
niftration d'un objet quelconque n'étoit autre chofe que
la direction de cet objet vers fa fin, par les moyens qui
lui font propres.

L'affemblée coloniale confidérant encore que la faveur
accordée par fa majefté à la colonie de la Martinique,
pouvant avoir été, en partie, déterminée par l'intention
de procurer au gouvernement des connoiffances fur des
établiffemens fufceptibles de grandes améliorations, s'ils
étoient mieux connus, & qui, à grande diftance du
trône, pouvoient encore être très-difficiles à définir par
ceux-là même qui auroient l'objet fous les yeux, elle
devoit d'autant plus s'occuper du foin de fatisfaire à cette
intention, déja manifeftée dès l'établiffement des affemblées
provinciales dans le royaume, pour ce qui concerne l'intérieur de la France, que l'affemblée coloniale payant
ainfi au fouverain le premier tribut qu'elle lui doit, pour
prix de fon exiftence, acquitteroit en même temps ce
qu'elle doit à fes conftituants & aux contribuables, fur
lefquels elle auroit cru devoir répartir la fomme impofée :
& c'eft pour fatisfaire à ces devoirs réunis, qu'elle va
établir les vérités & les faits d'après lefquels, rejettant
l'impôt affis en grande partie précédemment fur la tête
des noirs attachés à la culture, elle a cru devoir répartir
la fomme impofée, 1.° fur les denrées & marchandifes,
à l'entrée & à la fortie. 2.° Sur les maifons des villes &
bourgs. 3.° Sur les efclaves diftraits de la culture. 4.° Enfin,
fur l'induftrie, en la taxant en raifon des bénéfices préfumés acquis à cette claffe de contribuables. Et l'affemblée
a efpéré que ces vérités & ces faits juftifieront le parti
auquel elle a cru devoir s'arrêter, comme à celui qui
fe concilioit le mieux avec les principes, le moins à charge

aux

aux contribuables, qu'il importoit principalement de ménager.

1.° La deſtination des colonies ne permet dans ces établiſſe-mens aucun impôt à la charge du cultivateur.

L'importance de nos colonies conſiſte dans leur aptitude à la converſion des denrées de la métropole en d'autres denrées plus utilement, ou plus facilement commerçables : ainſi, la France doit à ſes îles à ſucre le merveilleux ſervice d'avoir converti des nations rivales, en des nations tributaires.

Mais ce ſervice eſt meſuré ſur les échanges dont ces îles ſont capables ; les échanges dont elles ſont actuellement capables, ſont meſurés ſur leur culture, & leur culture eſt meſurée ſur les moyens du colon.

Delà, il ſuit qu'un million impoſé ſur les cultivateurs de la Martinique, enleveroit annuellement 5 à 600 noirs à ſa culture : delà, il ſuit encore que la colonie, ainſi impoſée, ne paieroit qu'avec des capitaux, ce qu'une province impoſée ne paie dans le royaume qu'avec des revenus ou des bénéfices : delà enfin, il ſuit que ce qui paroîtroit alors recette pour le gouvernement, ne ſeroit, dans la vérité, que ſon conſentement trop peu réfléchi à la plus onéreuſe de toutes les dépenſes, ſi le million demandé devoit être pris ſur le cultivateur.

Auſſi l'aſſemblée coloniale a-t-elle dû ſuppoſer au gouvernement des penſées plus hautes & des deſſeins meilleurs, en conſidérant que ſi, pour l'avantage de la propriété elle-même, il exigeoit une contribution qui pût ſuffire à l'entretien d'une armée de terre & de mer, contre les ennemis du dehors ; d'une Maréchauſſée contre les brigands de l'intérieur ; à l'entretien enfin de tous les officiers & employés néceſſaires à la ſûreté & à la proſpérité publique, il ſavoit en même temps que les paſſions humaines multiplient, dans toutes les ſociétés, des eſpeces d'ennemis auxquels la ſol-licitude du miniſtere ne peut oppoſer ni le ſoldat, ni la maré-chauſſée, contre leſquels la magiſtrature eſt ſans pouvoir, qui, en un mot, ne peuvent être corrigés ou contenus que par l'impôt : & c'eſt ſous cet aſpect que les grands adminiſ-trateurs ſe ſont toujours plu à le conſidérer & à l'employer, parce qu'alors, loin d'avoir beſoin d'être excuſé comme mal néceſſaire, il exiſte plutôt comme bienfait, puiſque ſon office eſt de défendre la fortune publique contre les dommages qu'elle ne ceſſeroit d'endurer, s'il étoit loiſible à chaque particulier d'uſer de ſes facultés quelconques, d'après le conſeil de ſes fantaiſies, ſans ſe mettre en peine de ce qui convient ou ne convient pas à l'intérêt général. Nous ajou-tons qu'alors il exiſte comme double bienfait, puiſqu'étant employé, comme remede à de très-grands maux, il ſert encore à diminuer d'autant la contribution due par la pro-priété, pour les dépenſes néceſſaires à ſa conſervation.

L'aſſemblée coloniale a donc tenu pour choſe évidente, que, dans l'objet dont il doit être premiérement queſtion ici, elle a dû ſe tenir pour bien avertie, qu'il s'agiſſoit beaucoup moins d'un impôt ſur la colonie, proprement dite, que d'un impôt dans la colonie, où, malheureuſe-ment pour le royaume, l'entrepriſe en culture n'eſt pas celle qui invite le plus ceux qui, avec des moyens, ont la liberté de choiſir entre les différentes manieres d'em-ployer leurs capitaux & leur induſtrie ; c'eſt-à-dire, que, dans l'intention du gouvernement, l'impôt devoit peſer le plus poſſible ſur la partie qui nuit, & le moins poſſible ſur la partie qui ſert.

En conſéquence, l'aſſemblée coloniale a regardé comme ſon premier devoir, d'obſerver avec la plus grande attention ce qui devoit être confidéré comme nuifible , comme indifférent & comme utile dans la colonie : & c'eft d'après cette marche fi raifonnablement, fi naturellement indiquée, qu'elle a cru devoir, premiérement , taxer tous les efclaves diftraits de la culture, & les taxer plus ou moins , fuivant leur exiftence plus ou moins repréhenfible. C'eft en fuivant cette même marche, qu'elle a jugé que les propriétés & les profeffions étrangeres à la culture, & par conféquent indifférentes à la colonie proprement dite, devoient payer ici comme propriétés & profeffions femblables, tout ce que ces propriétés & ces profeffions payoient dans le royaume ; & c'eft toujours en fuivant cette marche , que , forcée à prendre fur le cultivateur pour compléter la fomme impofée, elle a cru devoir alléger cette charge, autant qu'il feroit poffible, en préférant, pour la percep-tion , le mode le moins fenfible pour le contribuable.

2.ᵉ *Raifon de s'abftenir de tout impôt fur le cultivateur, tirée de la nature des biens du colon & de la différence de ces biens comparés aux propriétés en Europe.*

Dans le royaume, le commerce n'eft encouragé qu'en faveur de la culture ; ici , au contraire , la culture n'eft en-couragée qu'en faveur du commerce. Là , le propriétaire, après fa part dans l'impôt acquittée, a le domaine auffi parfaitement que le fouverain a l'empire , a la propriété auffi parfaitement que le fouverain a la puiffance ; ici rien ne peut affranchir la propriété du colon : planteur libre fur un fol efclave, il eft à jamais condamné à ne cultiver que pour fournir au royaume des moyens d'é-change : d'où fuit la prohibition févere de toutes denrées de l'étranger , & l'obligation encore plus févere de ne recevoir de l'étranger l'abfolu néceffaire , que le com-merce de France ne fauroit fournir , que fous la condition de payer en prix double, que le commerçant françois partage alors avec le fournilleur étranger.

Dans le royaume, nulle difficulté d'établir un impôt fur des revenus, ayant proportion déterminée entre les produits des plantations & le capital des cultivateurs.

Dans le royaume, les produits, après les frais d'exploitation & l'impôt acquitté, font à la libre difpofition du propriétaire, ici, aucun produit libre avant la parfaite mile en valeur, à laquelle la vie humaine n'a jamais fuffi.

Dans le royaume, l'achat d'une terre eft un placement volontaire & préféré à toute autre maniere de pofféder : ici, la vente d'un établiffement en culture n'a jamais lieu que pour trois fortes d'acquéreurs. 1.° Ceux qui, partageant dans un bien indivifible par fa nature & par la loi diétée d'après l'ordre même des chofes, préferent le malheur de mourir dans les dettes, à celui d'être créancier d'un co-héritier qui ne paie jamais. 2.° Ceux qui n'ayant en porte-feuille que de mauvais billets, fe déterminent à en faire une fin par l'achat d'une habitation. 3.° Enfin, ceux qui, en nombre infiniment petit, achetent avec des valeurs réelles, mais fous la condition de réduire alors de moitié, ou à-peu-près de moitié, le prix de l'eftimation.

Enfin, dans le royaume, tout riche propriétaire n'eft qu'un rentier jouiffant paifiblement de fon revenu : ici, le plus riche planteur n'eft qu'un homme de peine, condamné à vivre violemment, à vivre dans les plus grands dégoûts, à fe voir tous les jours à la veille d'être ruiné par la mortalité des negres, par celle des bêtes néceffaires à l'exploitation, par les infeétes qui anéantiffent les récoltes préparées à grands frais, & par l'inclémence des faifons : d'où fuit, contre le confeil d'impofer, l'impoffibité d'ajouter

raifonnablement

raifonnablement à tant de difgraces, quand les faveurs les plus multipliées pourroient, à peine, compenfer ces difgraces.

3.° *La nature de l'impôt confidéré en lui-même l'exclut abfolument de nos établiffemens en culture.*

La propriété eft le principe & le terme de la fociété : c'eft-à-dire, que tous les hommes exiftant en corps de nations policées ne font que des confédérés, qui fe font réciproquement garanti la jouiffance fûre & paifible de ce que chacun poffede. Or, il eft impoffible d'imaginer comment cette garantie pourroit avoir fon effet, fans une force publique, & il eft également impoffible d'imaginer l'exiftence de cette force publique, fans la dépenfe néceffaire à fon entretien.

L'impôt, qui pourvoit à cette dépenfe, eft donc auffi néceffaire à la propriété, que la refpiration l'eft à la vie ; &, à cet égard, tout le monde eft d'accord ; tous conviennent de la néceffité d'impofer : mais il n'en eft pas de même quand il s'agit de faire la part à chacun des contribuables, & alors les raifonnemens font fans fin contre la répartition propofée, quelque jufte qu'elle puiffe être ; & la propriété pourroit enfin refter fans défenfe, s'il n'exiftoit **une raifon publique**, ayant pleine puiffance pour foumettre les raifonnemens particuliers.

Cependant, pour que cette raifon publique foit en état de prononcer, il ne lui fuffit pas de connoître la proportion dans laquelle chacun poffede à l'abri de la force publique ; il fera encore néceffaire qu'elle obferve les conditions fous lefquelles chacun poffede ; qu'elle prenne en confidération les différentes natures de biens fur lefquels on propoferoit d'affeoir l'impôt ; &, d'après cette obfervation de grande importance, nous dirons que, dans le royaume, payer l'impôt, c'eſt céder partie de ſon revenu pour jouir ſûrement & paiſiblement du reſte ; & parce que la maniere de poſſéder dans le bourg Saint-Pierre eſt en tout point ſemblable à la maniere de poſſéder dans le royaume, nous dirons également que, payer l'impôt dans le bourg Saint-Pierre, c'eſt donner une partie de ſes revenus ou de ſes profits quelconques, pour jouir ſûrement & paiſiblement du reſte.

Mais il n'en eſt pas ainſi de la propriété du planteur, dans les colonies en général, & encore moins à la Martinique, où la nullité des revenus eſt malheureuſement trop facile à démontrer, ſi le revenu exactement défini, eſt cette portion des fruits reſtans à la libre diſpoſition du propriétaire, après les frais d'exploitation & toutes autres charges payées. Et nous dirons, à l'appui de cette aſſertion, comme vérité de fait, 1.° que pluſieurs colons n'atteignent pas au montant des frais d'exploitation ; 2.° qu'entre ceux qui ſuffiſent à ces frais, pluſieurs n'atteignent pas au montant des rentes & des uſures qu'ils ont à payer ; 3.° qu'entre les colons qui peuvent ſuffire à ces uſures après les frais d'exploitation, très-peu parviennent à ſe libérer des capitaux dont ils ſont débiteurs ; 4.° enfin, qu'entre ceux qui, à force de vivre, à force de travail, à force de ſuccès, à force de privations, ſont parvenus à ſe libérer, on n'en comptera pas dix dans la colonie qui ſoient arrivés au terme de leur entrepriſe, par la parfaite miſe en valeur, terme avant lequel il ne peut exiſter aucun revenu proprement dit ; c'eſt-à-dire, aucun produit dont le propriétaire puiſſe diſpoſer pour ſes commodités perſonnelles ou pour ſes fantaiſies, ſans prendre en quelque ſorte ſur ſon capital, puiſqu'il ne le peut ſans lui nuire. Or, l'impôt ne doit point avoir lieu, où il n'exiſte pas de revenu ; &, puifqu'il eft démontré que le planteur, dans l'état actuel de cette colonie, n'a aucun revenu proprement dit, On doit tenir notre troifieme affertion pour démontrée.

D'après ces diverfes obfervations, il a été délibéré que le comité fe raffembleroit pour faire l'application qu'il croira la plus convenable, des principes qui viennent d'être préfentés, à un plan d'impofition, pour, fur le rapport qu'il en fera dans la féance de lundi prochain, trente-unieme du préfent mois, être pris, à cet égard, par l'affemblée coloniale, une délibération définitive.

L'affemblée coloniale ayant été chargée, par l'article XXI de l'ordonnance, d'arrêter les comptes de recette & de dépenfe de la caiffe des negres jufticiés, il a été délibéré de nommer trois commiffaires pour faire l'examen & la vérification des comptes du receveur de ladite caiffe, pour, fur leur rapport, être, par l'affemblée, ftatué ce qu'il appartiendra ; & les trois commiffaires qui ont été nommés, à cet effet, par M. le général, font MM. Pothuau Desgatieres, Lafaye Desguerres & Salles.

Deux heures étant fonnées, il a été délibéré & arrêté de clorre la préfente féance, & d'en renvoyer la continuation à demain, fept heures du matin ; & a été, en conféquence, le préfent procès-verbal, clos, arrêté & figné par qui de droit, les jour & an que deffus. *Signé* DAMAS & FOULQUIER.

TROISIEME SÉANCE.

Cejourd'hui, vingt-neuf décembre, à fept heures du matin, l'affemblée coloniale s'étant réunie, en continuation des précédentes féances, dans la même falle du confeil, après que le&ture a été faite du procès-verbal de délibération du jour d'hier, l'affemblée a pris connoiffance d'un mémoire, à elle adreffée par l'ancienne chambre d'agriculture, lequel mémoire préfente des vues d'utilité publique, & contient des offres de mettre fous fes yeux des renfeignemens puifés dans fes archives ; fur quoi il a été obfervé, qu'il réfulte bien évidemment de l'article XI de l'ordonnance du 17 juin, que la chambre d'agriculture a été remplacée par le comité intermédiaire, tiré & dépendant de l'affemblée coloniale ; d'où il fuit que les regiftres de ladite chambre d'agriculture doivent paffer dans les archives du comité qui en a pris la place, & qui, fuccédant à fes travaux, fous des rapports plus étendus, trouvera dans ces regiftres des documens & des lumieres qui favoriferont l'objet de fon inftitution ; & cependant, comme il paroît, par ledit mémoire, que les membres compofant la chambre fupprimée, après avoir mis les regiftres dont il s'agit fous le fcellé, ont demandé des ordres du miniftre fur leur deftination, il a été délibéré & arrêté que le comité intermédiaire feroit autorifé à retirer lefdits regiftres & à les dépofer dans fes archives, pour les garder néanmoins fous le fcellé appofé par ladite chambre, en attendant que le miniftre ait fait connoître plus particuliérement fa volonté ; à l'effet de quoi, il fera dreffé procès-verbal de la remife defdits regiftres, dont

une

une expédition en forme fera délivrée au dépositaire choisi par l'ancienne chambre, pour lui servir de valable décharge.

Il a été ensuite observé que l'on travailloit dans le quartier du Lamentin au curage d'un canal, dont l'utilité, plus particuliere à ce quartier, se faisoit néanmoins ressentir aux quartiers voisins & à toute la colonie ; que les frais de réparations de ce canal qui avoient déja été faits, s'élevoient à la somme de vingt-six mille livres, & qu'il étoit à présumer qu'il faudoit une somme à-peu-près égale pour le conduire à un état de perfection ; que, sur les vingt-six mille livres déja fournies, vingt mille livres l'avoient été par les habitans du quartier du Lamentin, & six mille livres par le gouvernement, & qu'il paroissoit juste que lesdits habitans ne restâssent pas seuls chargés d'une dépense de laquelle devoit résulter une utilité générale.

Et l'assemblée, prenant ce que dessus en considération, a délibéré qu'il seroit établi un droit de péage sur toutes les marchandises, & les personnes qui passeroient sur ledit canal, pour, son produit, être spécialement & uniquement affecté aux frais de réparations qui sont nécessaires pour conduire ledit canal jusqu'à son état de perfection, & le droit être supprimé à l'instant où ce produit aura fourni des fonds suffisans pour remplir sa destination ; à l'effet quoi il seroit nommé, par les habitans de la paroisse du Lamentin, deux commissaires préposés pour vérifier, chaque mois, le produit du droit ; lesquels commissaires feront tenus d'adresser à MM. les administrateurs un état, par eux certifié, de ladite recette, incontinent après chaque vérification ; &, enconséquence, MM. du comité intermédiaire ont été priés de dresser un projet de tarif dudit droit de péage, tant sur les marchandises, que sur les

E

personnes ; pour, fur la repréfentation dudit projet, être
ftatué, à cet égard, par l'affemblée coloniale, ce qu'il
appartiendra.

M. le général a invité les membres de l'affemblée à
examiner quelle feroit la meilleure forme à établir pour
pourvoir aux frais de conftruction & d'entretien des che-
mins, à confulter à cet égard les habitans de leurs paroiffes refpectives, & à donner au comité des mémoires
renfermant leur opinion motivée. MM. du comité ont
en conféquence été priés de s'occuper de cet objet, &
de préfenter, à la prochaine affemblée, le réfultat de
leur examen, pour être pris, à cet égard, une délibération définitive.

Lecture enfuite a été faite d'un mémoire, par lequel
on invite l'affemblée à folliciter du miniftre l'admiffion,
dans fon fein, des deux préfets apoftoliques établis dans
la colonie ; &, la matiere mife en délibération, l'affemblée
a arrêté que, quelque confiance qu'elle ait dans les lumieres
des RR. PP. fupérieurs préfets apoftoliques des miffions,
chargés de deffervir les paroiffes de ces colonies, leur
devoir, les attachant exclufivement aux objets qui concer-
nent la religion, doit les éloigner des affaires civiles, &
qu'ils ne peuvent en conféquence faire partie d'une affemblée deftinée à ne s'occuper que d'objets étrangers à leur
caractere & à leur miffion.

Lecture a pareillement été faite d'un mémoire adreffé
à la chambre par le R. P Charles-François, préfet apof-
tolique, fur le befoin du college de Saint-Victor & de
la maifon de la Providence établie dans la ville du Fort-
Royal, ainfi que d'une lettre du miniftre, en date du 29
juillet 1785, adreffée à M. les adminiftrateurs de la colonie, relative audit college de Saint-Victor, & de la

réponfe de MM. les adminiftrateurs , en date du 22 août 1786 ; & , attendu que ce mémoire n'eft accompagné d'aucune piece propre à faire connoître la fituation des deux établiffemens dont il s'agit, MM. du comité intermédiaire ont été priés de fe procurer tous les renfeignemens néceffaires, pour, fur leur rapport fait à la prochaine affemblée, être délibéré fur cet objet ; & néanmoins, dans le cas où MM. du comité trouveroient que ces deux établiffemens ont des befoins qui exigent de prompts fecours, l'affemblée coloniale les a autorifés à les folliciter de la bienfaifance de MM. les adminiftrateurs.

Il a été lu un mémoire qui a pour objet de faire connoître les inconvéniens qui naiffent de l'augmentation des droits impofés fur l'entrée de la morue américaine ; &, la matiere mife en délibération , l'affemblée coloniale, pénétrée de la vérité de ces inconvéniens, a prié MM. du comité intermédiaire de s'occuper de cet objet, & de rédiger un mémoire de repréfentations que MM. les adminiftrateurs font fuppliés de vouloir bien adreffer au miniftre, en lui manifeftant le vœu de la colonie entiere.

Lecture a été faite d'un autre mémoire fur la néceffité de favorifer l'importation, dans nos colonies, des negres de traite étrangere, en permettant la fortie des fucres qui feroient donnés en paiement ; & l'affemblée a unanimement délibéré que MM. du comité feroient priés de démontrer la juftice & la néceffité d'accorder cette permiffion, dans un mémoire que MM. les adminiftrateurs font fuppliés de vouloir bien étayer de tout leur crédit auprès du miniftre de fa majefté.

Lecture a pareillement été faite d'un mémoire renfermant, fur quelques difpofitions de l'ordonnance du 17 juin de la préfente année, des obfervations que l'affemblée coloniale a pris en confidération ; & fur ce que, dans ledit mémoire, il étoit obfervé que l'article XI de ladite ordonnance, portant que l'affemblée coloniale feroit compofée du gouverneur, de l'intendant, du commandant en fecond, du commiffaire général, ou plus ancien des colonies, de deux députés du confeil fupérieur, & d'un député de chacune des paroiffes de la colonie ; & l'article XVI, portant que les délibérations de l'affemblée feront valables, pourvu que le nombre des délibérans ne foit pas au deffous de douze, il pouvoit arriver que, dans le nombre des douze membres néceffaires pour la validité des délibérations, il ne fe trouvât que fix habitans & députés des paroiffes, ce qui priveroit la voix defdits habitans de la majorité que l'ordonnance paroît avoir voulu leur affurer ; l'affemblée coloniale, après avoir attentivement examiné les difpofitions de l'article XVI, a reconnu que l'intention de fa majefté étoit que la préfence de douze habitans & députés des paroiffes fût néceffaire pour valider les délibérations ; &, en conféquence, il a été arrêté que les délibérations de l'affemblée coloniale, ne feroient valides, qu'autant que douze habitans & députés des paroiffes y auroient affifté.

Après quoi, il a été obfervé qu'il manquoit à la colonie une loi bien effentielle pour la profpérité de fes manufactures ; que plufieurs habitans, qui avoient de l'eau en abondance, refufoient de permettre à leurs voifins d'en diriger le cours fur leurs terres, ce qui les privoit d'un bienfait de la nature & des moyens de faire profpérer leurs établiffemens ; qu'il feroit infiniment avantageux d'obliger tout habitant qui a de l'eau fur fes terres, de permettre à fes voifins de la diriger dans leurs poffeffions, après toutefois qu'il en auroit lui-même fait l'ufage convenable, & en

l'indemnifant

l'indemnifant de toute efpece de préjudice, à dire d'experts. Sur quoi, la matiere mife en délibération, il a été unanimement délibéré & arrêté que MM. les adminiftrateurs feroient priés de vouloir bien promulguer la loi dont il s'agit.

Et deux heures étant fonnées, il a été délibéré de clorre la préfente féance, & d'en renvoyer la continuation à lundi prochain, 31 du préfent mois, à fept heures du matin; & a été en conféquence le préfent procès-verbal clos, arrêté & figné par qui de droit, les jour & an que deffus. *Signé* DAMAS & FOULQUIER.

QUATRIEME SÉANCE.

CEJOURD'HUI trente-un décembre, à fept heures du matin, l'affemblée coloniale s'étant réunie, en continuation des précédentes féances, dans la même falle du confeil, après que lecture a été faite du dernier procès-verbal de délibération, MM. les députés formant le comité intermédiaire, ont été priés de faire part à l'affemblée du travail dont ils avoient été chargés par les délibérations des 28 & 29 de ce mois. Sur quoi MM. du comité ont préfenté à l'affemblée coloniale deux procès-verbaux en date, l'un & l'autre, du jour d'hier, renfermant leur délibération; & les principes confignés dans ces procès-verbaux ayant été mûrement examinés, la matiere mife en délibération, l'affemblée coloniale a procédé, en exécution de l'article XVII de l'ordonnance, à l'affiette & à la répartition de l'impofition ainfi & de la maniere qui fuit.

Toutes les denrées & marchandifes exportées de la

colonie, de quelqu'espece & nature qu'elles soient, seront soumises, à leur sortie, au paiement d'un droit de deux pour cent de leur valeur.

Le manioc exporté de la colonie paiera un droit de sortie de trois livres par barril.

Les marchandises & denrées importées dans la colonie, de quelqu'espece qu'elles soient, seront soumises, à leur entrée, au paiement du droit d'un pour cent de leur valeur; sauf l'exemption de celles qui, dans la rédaction de l'ordonnance qu'il plaira à MM. les administrateurs de rendre, leur paroîtront devoir être exemptées, attendu qu'elles sont déja soumises à d'autres droits.

Toutes les maisons de Saint - Pierre seront soumises, comme par le passé, au droit annuel de cinq pour cent, sur le montant de leurs loyers; & à l'égard des propriétaires qui occuperont eux-mêmes lesdites maisons, le droit de cinq pour cent sera réglé d'après la valeur arbitrée desdits loyers.

Toutes les maisons établies dans la ville du Fort-Royal & dans les bourgs du Lamentin , de la Trinité & du Marin , seront soumises au droit annuel de trois pour cent sur le montant de leurs loyers; & à l'égard des propriétaires qui les occuperont, sur la valeur arbitrée desdits loyers.

Les maisons établies dans les autres lieux de la colonie, seront & demeureront affranchies de toute espece d'imposition.

Tous les gens de couleur libres, établis dans la colonie, paieront une imposition annuelle de vingt-cinq livres par tête.

Les esclaves employés dans les villes & bourgs, ainsi que ceux attachés aux bateaux, canots de poste & passagers, les senneurs & pêcheurs, ceux attachés aux chaufourneries & poteries, paieront un droit annuel de trente-trois livres par tête ; & paieront le même droit les negres vinaigriers autres que ceux dépendans des fucreries, fans néanmoins que le préfent arrêté puiffe nuire & préjudicier aux perfonnes qui ont des titres d'exemption.

Et procédant enfuite à la répartition de l'impofition fur l'induftrie, d'après fes bénéfices préfumés, l'affemblée coloniale a réglé ce qui fuit.

Les commiffionnaires de la colonie paieront chacun une impofition annuelle de feize cent cinquante livres.

Les marchands en gros de draps, toiles, foieries, bois, brai, goudron & autres marchandifes, paieront chacun une impofition annuelle de cinq cent livres par tête.

Les marchands vendant en détail les mêmes objets, & ayant boutique, paieront chacun une impofition annuelle de deux cent cinquante livres par tête.

Les boutiquiers, & toutes perfonnes exerçant des profeffions dépendantes des arts & métiers, paieront une impofition de deux cent livres par tête.

Les regratiers vendant toute efpece de chofes à petites mefures, les cabaretiers, cafetiers, bouchers, boulangers & autres de la même efpece, paieront une impofition annuelle de cent livres par tête.

Les pacotilleurs, porteurs de balles & paniers, & marchands forains, paieront une impofition annuelle de foixante-fix livres par tête.

Les marchands de negres & mulets vendant à la campagne, doivent être placés dans la feconde claffe ci-deffus taxée, & paieront une impofition annuelle de cinq cent livres par tête.

Les chirurgiens paieront une impofition annuelle de deux cent livres.

La même taxe de deux cent livres fera annuellement payée par chaque notaire & procureur.

Les huissiers, tant de Saint-Pierre, que du Fort-Royal, paieront enfemble une impofition annuelle de trois mille trois cent livres, laquelle fera également répartie fur les deux bourfes communes.

L'affemblée coloniale a déja rendu compte des raifons par lefquelles elle s'eft déterminée à la répartition qu'on vient d'établir ; mais elle croit devoir ajouter ici quelques obfervations relatives, 1.° à la taxe des negres dans les villes & bourgs ; 2.° à la modération de l'impôt fur les maifons du Fort-Royal, du Lamentin, de la Trinité & du Marin, & à la fuppreffion de toute taxe fur les maifons des autres bourgs ; 3.° à la taxe fur l'induftrie, qui jufqu'à préfent n'avoit pas été employée comme contribuable.

Sur les negres taxés dans les villes & bourgs à 33 & à 66 livres, l'affemblée a confidéré que, dans l'état actuel des chofes, la culture de nos îles à fucre ne pouvoit être que dans la main des efclaves ; & la raifon en eft fimple. Cette main d'œuvre eft à prix beaucoup plus bas que celle des hommes libres ; & les colonies rivales des nôtres ne cultivent qu'avec cette main d'œuvre à plus bas prix ; d'où fuit néceffité pour nous d'exploiter avec la même économie, ou de difparoître de tous les marchés étrangers, par l'impoffibilité de foutenir la concurrence.

Si donc la culture ne peut être ici que dans la main des efclaves, il y a faute, dans tous les cas où ces efclaves font diftraits de la culture, pour fervir à ce que pourroit également faire un homme libre ; donc il y a faute, au moins légere, quand on prend ici des efclaves pour le

fervice

service domestique ; donc il y a faute quand on distrait des esclaves de la culture, pour en faire des ouvriers, des matelots, &c. donc il y a faute, & faute très-grave, lorsque des milliers d'esclaves, devenus fermiers de leur existence, se répandent dans les villes & bourgs, & dans la campagne, bien décidés à préférer le brigandage & la prostitution au service de journalier, s'il n'est excessivement payé ; d'où suivent des maux de toutes sortes & des dangers dont on n'est pas assez effrayé, en place des biens que ces esclaves auroient acquis à la colonie & au royaume, s'ils avoient été appliqués à leur véritable destination.

Un grand mal entre ceux qui résultent de ces abus, est que les esclaves [mot rayé], presque semblables à des hommes libres, mettent le désespoir dans le cœur de ceux qui sont attachés à la culture, par la différence si frappante de leur condition, comparée à celle des negres dont il s'agit. Mais le plus grand mal est que ces negres, bientôt arrivés au dernier degré de la dépravation, & désormais indisciplinables, sont absolument perdus pour la culture. Et la conséquence à tirer de cet exposé, trop véritable, est qu'il falloit au moins empêcher le progrès du mal qu'on ne peut plus corriger ; c'est-à-dire, qu'il étoit très-instant d'établir sur les negres, ainsi congédiés de toute police, une taxe assez forte pour déconseiller tout acheteur ayant intention de posséder des esclaves, non pour cultiver, mais pour être, par le tribut exigé de ces esclaves, un rentier bien en repos & en grande aisance, nonobstant tout ce qui en pourra résulter contre la richesse & la sûreté publique ; & c'est sur cette classe si répréhensible qu'est établie la taxe rigoureuse de soixante-six livres par tête, les autres negres des bourgs employés

comme journaliers, comme domestiques ou dans les bateaux, &c. n'étant taxés que trente-trois livres. Quant
à ceux-ci, l'assemblée coloniale a considéré que, l'intérêt
de la culture mis à part, il restoit toujours à desirer
qu'on pût parvenir à réserver ces diverses occupations aux
gens de couleur libres, déja très-nombreux, & qui, se
multipliant tous les jours, deviennent, de plus en plus,
un objet de sollicitude pour le gouvernement. Sans doute,
il ne doit pas être difficile, en effet, de voir les avantages
qui seroient résultés de ces dispositions, si elles avoient été
établies dès le principe, & combien, par conséquent, il
importe d'y tendre autant qu'il sera possible.

Quant à la modération de la taxe des maisons au Fort-
Royal, au Lamentin, à la Trinité & au Marin, l'assemblée
coloniale a observé que c'étoit chose trop justifiée par l'état
de ruine plus ou moins achevée où la concentration de
tout le commerce de l'île à Saint-Pierre a précipité tous les
autres bourgs, dans lesquels des maisons sans locataires, des
magasins sans denrées & l'herbe dans toutes les rues, ne
devoient sans doute permettre de penser à l'impôt, que
pour le faire peser davantage sur le bourg auquel tous
les autres ont été sacrifiés ; cette concentration de tout
le commerce de l'île à Saint-Pierre, étant d'ailleurs égale
à une légion d'impôts sur le cultivateur auquel le commerce, distribué, comme il le devroit être, entre Saint-
Pierre, le Fort-Royal, la Trinité & le Marin, épargne-
roit des frais immenses, & sous lesquels il faudra à la fin
que la colonie succombe.

Il reste un mot à dire sur l'industrie, jusqu'à présent
très-singuliérement tenue hors de toute contribution, puis-
qu'étant dans le royaume beaucoup plus utile au public
que dans cette colonie, & beaucoup plus utile ici que

dans le royaume à ceux qui l'exercent, il eſt impoſſible d'imaginer par quelle raiſon cette claſſe feroit exemptée dans la colonie, quand elle ne l'eſt pas dans le royaume.

Encore un mot qui tranchera dans la diſcuſſion préſente, en donnant encore beaucoup à penſer au gouvernement.

La Martinique, conſidérée comme établiſſement en culture au ſervice du commerce nationnal, n'eſt que moitié de la Guadeloupe & ſixieme de Saint-Domingue ; mais il lui a été donné d'attirer à elle, comme à ſon centre, tout le commerce poſſible à l'Europe dans nos îles & dans leur voiſinage.

Il eſt, en effet, bien conſtaté que les denrées du cru de la Martinique n'excedent pas, année commune, quinze millions ; & on peut raiſonnablement ſuppoſer que les marchandiſes qu'elle reçoit en déduction de ce qu'elle fournit, ne s'élevent pas au deſſus de huit à neuf millions. Ainſi, la colonie, conſidérée comme établiſſement en culture, & ſervant, en cette qualité, à l'action du commerce de France, ne préſente qu'un eſpace de vingt-trois à vingt-quatre millions, quand cependant il eſt de fait qu'elle a en total un mouvement annuel de cinquante millions, nonobſtant toutes les gênes & tous les obſtacles qu'on oppoſe au commerce dont elle eſt capable ; & delà il ſuit que, dans la répartition actuelle, la colonie, qui ſupporte au moins moitié de la charge, paie plus que ſa juſte contribution, même en ſuppoſant que le colon n'ait aucun droit d'être ménagé, quoiqu'il doive reſter pour démontré que l'impôt ſur le colon ne pouvoit être vu que comme égal au ſauvage conſeil de couper l'arbre pour avoir le fruit.

Mais une ſeconde conſéquence du fait que nous avons

vérifié, c'est que la Martinique, plus commerçante qu'a-gricole, &, par cela seul, très-différente de nos autres colonies, aura certainement un jour une destination ori-ginale, une destination infiniment plus utile que ne l'est son office actuel, & qui sera encore provoquée par le très-sage conseil de donner la plus grande existence possible à une colonie chargée de garder toutes nos îles du Vent & sous le Vent, & qui doit être ainsi toujours en état de suffire aux besoins d'une garnison nombreuse & d'une armée navale.

En conséquence de ce que dessus, l'assemblée coloniale, pour rendre exécutoire le tarif dont on vient de présenter les motifs, a prié MM. les administrateurs de lui donner la sanction de leur autorité ; &, en vertu de l'article XXI qui autorise l'assemblée à fixer le nombre des receveurs de l'imposition, ainsi que le montant de leurs appointe-mens & celui de leur cautionnement, il a été délibéré & arrêté, qu'indépendamment du receveur général, dans la caisse duquel le produit de toutes les impositions doit être versé, il sera nommé cinq autres receveurs ; savoir, un receveur pour la taxe imposée sur toute les maisons, deux receveurs pour la taxe imposée sur l'industrie, & deux pour la perception de tous les droits imposés sur les negres.

Il été pareillement délibéré & arrêté, qu'il seroit ac-cordé à chaque receveur cinq mille livres pour ses appoin-temens, & cinq cent livres pour son logement ; que le montant du cautionnement que lesdits receveurs sont obli-gés de fournir sera de douze mille livres, & qu'ils seront tenus de rendre compte du produit de leurs recettes à la fin de chaque mois ; &, pour prévenir, de leur part, toute espece de négligence & d'inexactitude, MM. du

comité

comité ont été priés de furveiller leur recette, & d'inf-
pecter leurs comptes, l'affemblée coloniale leur donnant,
à cet effet, tout pouvoir néceffaire.

Ladite affemblée ayant enfuite procédé à l'examen du
tarif projetté par MM. du comité, pour le droit de péage
établi fur le canal du Lamentin, a approuvé tous les arti-
cles de ce tarif ; en conféquence de quoi, il a été délibéré
& arrêté ce qui fuit.

Le droit de péage fur les perfonnes, fera, pour les
blancs, de fept fous fix deniers.

Pour les gens de couleur, de deux fous fix deniers.

La barrique de fucre paiera, pour le droit de péage,
une livre dix fous.

La barrique de taffia, quinze fous.

Le barril de café, dix fous.

Le fac de café, cinq fous.

Le fac de cacao, cinq fous.

La balle de coton, une livre dix fous.

La demi-balle ou le fac de coton, quinze fous.

Le demi-barril de farine manioc, cinq fous.

La barrique de vin, vingt fous.

Le boucaud de morue, une livre dix fous.

Le barril de farine de France, dix fous.

Le barril de bœuf, dix fous.

Le pot ou frequin de beurre, cinq fous.

La caiffe de chandelles ou favon, cinq fous.

Le panier ou caiffe d'huile, cinq fous.

Le tierçon de riz, quinze fous.

Le tierçon de vin, dix fous.

Le quart de petit falé, cinq fous.

Le barril ou gonne de lard, dix fous.

Le fac de morue, deux fous fix deniers.

H

Le millier de tuiles & de briques, trois livres.

L'ancre d'eau-de-vie, cinq fous.

Le pot & forme, deux fous fix deniers.

Et toutes les marchandifes dont la dénomination pourroit avoir été omife, paieront, pour chaque barrique créole, une livre dix fous.

Barrique de France, vingt fous.

Caiffe, cinq fous.

Quart, cinq fous.

Malles & paniers de marchandifes, fept fous fix deniers.

Planches, chevrons, barriques en botte, deux fous fix deniers.

Madriers & groffes pieces équarries, cinq fous.

Millier de merrein, trois livres.

Millier d'effentes, vingt fous.

Chaudieres à taffia & à fucre, tambours, pivots, platine à manioc & rôles, quarante fous.

MM. les adminiftrateurs ont été fuppliés de vouloir bien autorifer, par une ordonnance, l'exécution du tarif ci-deffus ; &, à l'effet de pourvoir à la perception des droits énoncés dans ledit tarif, il a été délibéré & arrêté qu'il feroit choifi un receveur defdits droits dans l'affemblée des habitans de la paroiffe du Lamentin.

MM Pothuau Desgatieres, Lafaye Desguerres & Salles, commiffaires nommés par délibération du 28 du préfent mois, pour faire la vérification & l'examen des comptes du receveur de la caiffe des negres fuppliciés, ont été priés de préfenter à l'affemblée le réfultat de leur travail ; &, leɐure faite du rapport defdits commiffaires, il a été délibéré & arrêté, 1.° de porter à quinze fous, pour chaque tête de negres, le droit de ladite caiffe ; 2.° de charger de fa perception les quatre receveurs qui feront prépofés pour la taxe de l'induſtrie & pour celle des droits impoſés fur les negres, fans augmentation d'appointement ; &, fur ce qu'il a été expoſé par leſdits commiſſaires, que le compte qui leur avoit été préſenté, n'étant accompagné d'aucune piece juſtificative, il avoit été impoſſible d'aſſeoir aucune opinion fur fon exaɛtitude, il a été délibéré & arrêté, que MM. du comité intermédiaire feroient priés de vérifier & d'arrêter ledit compte d'après les pieces au foutien que le comptable fera tenu de leur fournir.

En exécution de l'article XXX de l'ordonnance, portant que les membres du comité jouiront, pendant la durée de leur exercice, de telles exemptions qu'il plaira à l'aſſemblée coloniale de propoſer à MM. les adminiſtrateurs, & à MM. les adminiſtrateurs d'accorder, fous le bon plaiſir de fa majeſté, d'après le vœu manifeſté de l'aſſemblée, MM. les adminiſtrateurs ont été fuppliés d'exempter, de la milice, les économes des habitations de MM. du comité ; récompenfe bien foible de leur zele & des travaux auxquels ils fe deſtinent, s'ils ne devoient pas en trouver une plus douce & plus déſirable dans le cœur de leurs concitoyens.

L'aſſemblée coloniale, pénétrée de la fageſſe des vues qui ont déterminé fon établiſſement & de l'utilité dont cet établiſſement doit être pour la colonie, a unanimement délibéré & arrêté, que M. fon député à Paris feroit prié de porter juſqu'au pied du trône l'hommage refpeɛtueux de fa reconnoiſſance.

Et conſidérant combien il feroit fatisfaifant pour eux de faire connoître au public les objets qui les ont occupés & les principes qui ont préſidé à leur délibération, combien d'ailleurs la publication des procès-verbaux de leurs aſſemblées feroit utile à l'étendue & à l'accroiſſement des lumieres; MM. les députés ont unanimement délibéré & arrêté, fous le bon plaifir de MM. les adminiftrateurs, que lefdits procès-verbaux feroient imprimés & publiés, après que MM. du comité auroient donné à ces procès-verbaux la forme convenable.

Et, deux heures étant fonnées, il a été délibéré de clorre la préfente féance, & d'en renvoyer la continuation à demain fept heures du matin; & a été, en conféquence, le préfent procès-verbal, clos, arrêté & figné par qui de droit, l'an & jour que deffus. *Signé* DAMAS & FOULQUIER.

CEJOURD'HUI, premier janvier mil fept cent quatre-vingt-huit, à dix heures du matin, l'affemblée coloniale s'étant réunie dans la même falle du confeil, en continuation des précédentes féances, après que lecture a été faite de tous les procès-verbaux de délibération, MM. les adminiftrateurs ont invité les membres de l'affemblée à propofer tout ce qu'ils jugeroient utile & convenable pour le bien général de la colonie; & MM. les députés n'ayant plus aucune propofition à faire, ont prié M. le vicomte de Damas, préfident de l'affemblée, d'agréer le fentiment de reconnoiffance dont ils font pénétrés, & de le recevoir comme un tribut qu'ils doivent à fa follicitude pour la profpérité publique.

Rien de plus n'ayant été délibéré, il a été arrêté de clorre la préfente féance, & de terminer l'affemblée coloniale; en conféquence de quoi le préfent procès-verbal a été clos, arrêté & figné, tant par MM. les général &

intendant,

intendant, que par chacun des membres de ladite affemblée, les jour & an que deffus.

Signé *Damas*, général; *Foulquier*, intendant; *Bourgon*;
Guitlot de Rockepierre; *Clarke*; *de Lahanie*; *du Buc*;
Jorna; *Pinel Féreol*; *Maffias*; *Ferreol Leyritz*; *de Lavigne*;
le Vaffor; *de la Jus*; *Huyghue Cadroux*; *Pothuau Defga-
tieres*; *le ch.er de Percin*; *Ifaïe Defgrottes*; *le ch.er de
Gannes*; *Affier Duhamelin*; *Lafaye Defguerres*; *Salles*;
Legendre de Fougainville; *le vicomte de Nefmond*; *Da-
mian*; *Blondel*; *Baylies Dupuy*; *Gaygneron Jollimon*;
Maillet; *Lachauffée de Courval*; *Gaudin de Beaumont*;
Thery Brederode; *d'Audiffredy*; *Lagrange Latuillerie*;
de Chery fils.

Rédigé par le comité intermédiaire le 14 janvier
1788. Signé *du Buc*; *de Maffias*; *de Jorna*; *le Vaffor*;
Ferreol Leyritz; *Ifaïe Defgrottes.*

Collationé par nous fecrétaire de l'affemblée coloniale
& du comité intermédiaire, fur la minute dépofée dans les
archives. Signé *R I G O R D Y.*

F I N.

TYPOLÉGIE DES ENFANTS

CHAPITRE Ier.

Connaissance des signes, éléments ou lettres.

1re LEÇON. — VOYELLES OU SONS.

1re DIVISION. — Voyelles ou sons simples.

e   u   i   é   è   o   a

h   y   ê

2e DIVISION. — Voyelles ou sons composés.

ou   eu   ie   ei   ai   au   oi

oue   œu   ey   ay   eo   eoi

3e DIVISION. — Sons doubles (diphtongues).

oui ieu ié èi ia ua io ui uè éa oé

Voyelles longues.

û   î   ê   ô   â

1866

2e LEÇON. — ARTICULATIONS OU CONSONNES.

1re DIVISION. — *Articulations ou consonnes simples.*

b v d l z j g

p f t r s c

m n ç k

2e DIVISION. — *Consonnes composées.*

h ph th rh x ch qu

ill gn gu

3e DIVISION. — *Consonnes doubles.*

br pr vr fr dr tr gr cr

phr chr

bl pl fl gl cl

phl chl

Exceptions.

j ge gé gi — s ce cé ci

3e LEÇON. — ALPHABETS DIVERS.

a b c d e f g h i j k l m n
A B C D E F G H I J K L M N
a b c d e f g h i j k l m n
o p q r s t u v x y z
O P Q R S T U V X Y Z
o p q r s t u v x y z

———

a b c d e f g h i j k l m n
a b c d e f g h i j k l m n
a b c d e f g h i j k l m n
a b c d e f g h i j k l m n
o p q r s t u v x y z
o p q r s t u v x y z
o p q r s t u v x y z
o p q r s t u v x y z

CHAPITRE II.

Syllabes, mots et phrases à éléments simples.

4ᵉ LEÇON. — SYLLABES A DEUX ÉLÉMENTS SIMPLES.

1ʳᵉ DIVISION. — *Syllabes et éléments voyelle.*

e	u	i	é	è	o	a
	ub	ib		eb	ob	ab
	up	ip		ep	ob	ab
	ud	id		ed	od	ad
	ut	it		et	ot	at
es	us	is	ez	es	os	as
	ug	ig		eg	og	ag
	uc	ic		ec	oc	ac
	ul	il		el	ol	al
	uf	if		ef	of	af
	ur	ir	er	er	or	ar
	um	im		em	om	am
	un	in		im	um	em
				en	on	an
				in	un	en

2ᵉ DIVISION. — *Syllabes à éléments simples, la voyelle dernière.*

b	p	m	v	f	d	t	s	c
be	pe	me	ve	fe	de	te	se	ce
bu	pu	mu	vu	fu	du	tu	su	çu
bi	pi	mi	vi	fi	di	ti	si	ci
by	py	my			dy	ty	sy	cy
bé	pé	mé	vé	fé	dé	té	sé	cé
bè	pè	mè	vè	fè	dè	tè	sè	cè
bo	po	mo	vo	fo	do	to	so	ço
ba	pa	ma	va	fa	da	ta	sa	ça

z	j	g	g	ck	n	l	r	h
ze	je	ge		ke	ne	le	re	he
zu	ju		gu	cu	nu	lu	ru	hu
zi	ji	gi		ki	ni	li	ri	hi
zy		gy		ky		ly		hy
zé	jé	gé		ké	né	lé	ré	hé
zè	jè	gè		kè	nè	lè	rè	hè
zo	jo		go	co	no	lo	ro	ho
za	ja		ga	ca	na	la	ra	ha

5e LEÇON. — MOTS ET PHRASES A ÉLÉMENTS SIMPLES.
1re DIVISION. — *Mots*.

I. — Le pè re, la mè re, u ne no te, le
dî né, u ne da me, un a mi, un â ne, un
é cu, l'é té, une ra me, un rê ve, u ne
la me, la lu ne, u ne pi pe, u ne ra ve,
un ma ri, la ju pe, u ne fè ve, le pa vé,
un cu ré, u ne li me, la mi ne, la mo de,
un é pi, un or le, u ne on ce, u ne an se.

II. — Em pi re, al cô ve, as tu ce, un
a to me, un a bî me, la fa mi ne, l'é co le,
la pu re té, le mé ri te, le fi dè le, un
dé fi lé, u ne fi gu re, la ca ba ne, la pe
lo te, u na ni me, la sa la de, la vé ri té,
il ba di ne, de l'é cu me, l'a va re, le do
mi no, u ne mi nu te, in si pi de, le re mè
de, la vi pè re, u ne tu li pe, la fi dé li té,
la gé né ro si té, u ne al ga ra de, la sé
ré na de, u ne ca ra bi ne, du ma ca ro ni.

III. — U ne pu ce, un gî te, ce ci, ce la,
le ge nou, la ca ge, le ju ge, la ti ge,
u ne ci ga le, du cé le ri, la cé ci té,
la gi ra fe.

2ᵉ DIVISION. — *Phrases.*

Adore la divinité, honore ton père, vénère ta mère, René a une figure sale, papa bâtira une cabane, la colère de la vipère, la mère punira Adèle, Emile a une carabine, samedi je dîne à la ville, l'âne têtu sera battu, Jérôme a fumé et il a été malade, si tu es sage on te mènera à la ville, Caroline a une tulipe et une rose, le malade avalera une pilule, René dira la vérité, le pilote a égaré le navire, tu as de la vanité et tu es ridicule, la parade fera rire, papa a cassé sa pipe.

Adore la divinité, honore ton père, vénère ta mère, René a une figure sale, papa bâtira une cabane, la colère de la vipère, la mère punira Adèle, Emile a une carabine, samedi je dîne à la ville, l'âne têtu sera battu, Jérôme a fumé et il a été malade, si tu es sage on te mènera à la ville, Caroline a une tulipe et une rose, le malade avalera une pilule, René dira la vérité, le pilote a égaré le navire, la parade fera rire, tu as de la vanité et tu es ridicule, papa a cassé sa pipe.

6e LEÇON. — SYLLABES A TROIS ÉLÉMENTS SIMPLES, OU DEUX ÉLÉMENTS, LE PREMIER SIMPLE, LE DERNIER COMPOSÉ.

bes bus bas bec bac bol bal bar bor pes
pus pis pos pas pic pec par per por par
ves var vor vif vés vos vic vil vol val
ver vir fes fés fus fil fol fer far for
des dis dès dos duc dol dal dur der dor
tes tés tis tas tif tir tel tal ter tar
ses sus sep sys sec soc sul sil sel sol
sal sur sor ser jes jus jac gus gaz gal
gar ges gis ger gir cas cap coq cul col
cal car cor ces cir cer cis cil cel mes
mys mis mil mol mal mur mir mer mor mar
nes nus nis nif nef nos nul nil nel nal
nor ner les lep lap lis lys las lac lal
ler lar res rus ris riz ros ras rez ral
rol roc rir rer.

bon ban vin van ven fam fem fin fon
fan fen dam dem dom dan den don din tim
tam tem ten tan sin son san jin jam jen
jon gon gam con can cen min man men mon
non nen nom lin lon lan len rin ron rem
ram—mes tes ses des les ses (è ouvert).

7ᵉ LEÇON. — MOTS ET PHRASES.
1ʳᵉ DIVISION. — *Mots.*

I. — De l'a zur, la bar be, le lo cal, la fer me, bé nir, le cul te, le ma jor, bâ tir, le ca nal, la car te, sor tir, é gal, u ne lar me, la por te, le ca nif, gar nir, la cor de, dor mir, le cal cul, u ne car pe, le bo cal, fu tur, le gar de, ve nir, le mé tal, un mer le, po lir, la ver tu.

II. — Un a ni mal, é nor me, la ré col te, u ne sar di ne, la for tu ne, re te nir, a ve nir, la co car de, le par ju re, dé mo lir, é car ter, u ne mor su re, le mur mu re, la mar mi te, la var lo pe, la tor tu re, u ne for ma li té, la car mé li te, le ca rac tè re, la mor ta li té.

III. — Le bâ ton, un bon bon, le ga zon, un din don, la le çon, la bon té, la vo lon té, un pan ta lon, le jar din de ma tan te. le ma ga sin, con su mé.

IV. — For cer, a gir, far cir, man ger, an non cer, gen til, les an ges, mes pin ces, ses ges tes, des ca ges, ces gî tes, un son net, les for ces.

2e DIVISION. — *Phrases.*

La porte du jardin est fermée, la barbe du caporal, ce bocal renferme des cerises, j'admire cet azur, sa sordide avarice le fera condamner, Médor a mordu sa tartine, il a de la fortune, il bâtira une ferme, le soldat respecte le major, la vertu sera récompensée, le général visitera l'arsenal, ton calcul n'est pas juste, la carpe du canal a mordu l'hameçon, le parjure révolte le sage, adorez l'Eternel, respectez vos parents.

La porte du jardin est fermée, ce bocal renferme des cerises, j'admire cet azur, sa sordide avarice le fera condamner, Médor a mordu sa tartine, il a de la fortune, il bâtira une ferme, le soldat respecte le major, la vertu sera récompensée, le général visitera l'arsenal, ton calcul n'est pas juste, la carpe du canal a mordu l'hameçon, le parjure révolte le sage, adorez l'Eternel, respectez vos parents.

0 1 2 3 4 5 6 7 8 9 10

CHAPITRE III.

Introduction des éléments composés dans la formation des syllabes.

—

8ᵉ LEÇON. — ÉLÉMENTS COMPOSÉS ET SYLLABES.

—

1ʳᵉ DIVISION. — *Répétition des éléments et éléments voyelle divers.*

h ph th rh x ch qu gn ill

ou	eu	ie	ei	au	oi
oue	œu		ai	eo	eoi
	ue		ey	eau	
			ay		
ouf	œuf			auf	oif
ous	eux	ies	ais	aus	ois
our	œur		air	aur	oir
oul	eul		ail	aul	oil
oup	eut		eil	aud	oix
oux	eun	ient	ain		oin
			ein		

2ᵉ DIVISION. — *Eléments composés divers.*

phe	che	xe	que	gne	ille
phy	chi	xi	qui	gni	illi
phé	ché	xé	qué	gné	illé
pho	cho	xo	quo	gno	illo
pha	cha	xa	qua	gna	illa

phes	ches	ques	gnes	illes
	chez	quun		
	chis	qu'il	guir	illir
	cher	quel		
pher	chec	qu'or	gnol	illor
phos	choc	qu'on	gnon	illon
	char	quan	gnan	illan
	chan	qu'en	gnen	

3ᵉ DIVISION. — *Syllabes.*

I. — bou pou vou fou d'ou tou sou jou gou
cou veu vœu feu peu deu seu jeu leu meu neu
pie vie die tie rie lie mie nie bei pei vei dei
sei rei mei nei bai vai fai tai sai jai gai cai rai
lai mai nai bau pau peau veau fau dau rau seau
sau jau gau cau l'eau mau nau boi poi voi foi
doi toi loi soi joie goi coi roi moi noi geoi çoi

II. — chou cheur gneur gnoir illeur phie illie
illai chau choir

III. — beur bois bouc bain pois poix poids pous pein pour paul poil pain point peur vœuf vous voix vain fous faux fois four faim fein foin deur doux toux teur tour teuil tain sauf soif sous sœur seur sour ceur soir seul sain sein soin jeun join goin gain goir cœur cour coup coin rain rois reur roir mois meur mœur mour main moin nous noix neur noir nain leur loir l'air loin lein loup

9ᵉ LEÇON. — MOTS ET PHRASES.

1ʳᵉ DIVISION. — *Mots.*

I. — La li gne, u ne nym phe, un chi cot, le si gne, un phé no mè né, la phy si que, le phi lo so phe, cha cun, quel qu'un, la cha ri té, quel con que, un pha re, l'é par gne, bé ni gni té, le che val, u ne que nou ille, châ tou illé.

II. — Des re cher ches, cher cher quel qu'un, un é chec, du phos pho re, du char bon, lan guir, un o gnon, de l'o se ille, u ne chan son, un es pa gnol, du tor chis, qu'il s'en a ille, la quan ti té, des tor ches, u ne mo saï que.

III. — U ne pou le, du bou illi, de la sou pe, u ne bou le, la fou le, le dou te, un jou eur, le goû ter, la cou pe, un a veu, u ne feu ille, le jeû ne, u ne meu le, la neu vai ne, il co pie, l'eau-de-vie, re pen tie, é cu rie, A mé lie, la mo mie, un bei gnet.

IV. — La pei ne, u ne vei ne, la Sei ne, la rei ne, la nei ge, le che val bai, j'a che vai, le fai san, j'a bor dai la cha lou pe, se tai re, la sai son, u ne mai son, la lai ne, la cais se, le cha peau, il est nou veau, la mau vai se sai son, le cou teau, le mar teau, il veut boi re, la poi re, la foi re, la Loi re, la soi rée, le roi te let, la moi re, la noi set te.

V. — Le rhu me, du ca chou, de la chi co rée, le pé cheur, le Sei gneur, le ba illeur, la bou illie, am phi bie, la phi lo so phie, la sai sie, choi sir, le thè me, le chau la ge, le chan teur.

VI. — Un ra dau beur, aux a bois, fer nam bouc, un bain chaud, de l'em pois, la pein tu re, un pour ceau, du pain bis, Jean et Paul, un pour point, le sa peur, le cou vain, faux té moin, main tes fois, le four neau, la fein te, le sain foin, de man deur, le men teur, un vau tour, un fau teuil.

VII. — De l'é tain, sain et sauf, vous a vez soif, u ne sour ce, le bon soir, un dan seur, le far ceur, le be soin, u ne en cein te, la join tu re, le par rain, ac coin tan ce, la pa rois se, l'em pe reur, le mi roir, le mi neur, l'a mour du beau, main te nir, le té moin, un par leur, le loin tain.

2e DIVISION. — Phrases.

Le dimanche est le jour du Seigneur. Aime le Souverain de l'Univers. Qui mal fera, mal aura.

La foi, l'espérance, la charité sont nécessaires au salut. La paresse mène à l'hôpital. Qui vole un œuf peut voler un bœuf. Le repentir efface les fautes. Ayez horreur du mensonge. Détestez les choses déshonnêtes. L'orgueil est un vice détesté. Aux petits des oiseaux le Seigneur donne la pâture. L'envie est indigne d'un homme de cœur. Malheur est bon à quelque chose. Les vaches aiment le regain du sainfoin. Je vous souhaite le bonsoir.

Le dimanche est le jour du Seigneur. Aime le Souverain de l'Univers. Qui mal feras mal aura. La foi, l'espérance, la charité sont nécessaires au salut. La paresse mène à l'hôpital. Qui vole un œuf peut voler un bœuf. Le repentir efface les fautes. Ayez horreur du mensonge. Détestez les choses déshonnêtes. L'orgueil est un vice détesté. Aux petits des oiseaux le Seigneur donne la pâture. L'envie est indigne d'un homme de cœur. Malheur est bon à quelque chose. Les vaches aiment le regain du sainfoin. Je vous souhaite le bonsoir.

1 2 3 4 5 6 7 8 9 0

CHAPITRE IV.

Introduction des éléments doubles dans la formation des syllabes.

—

10e LEÇON. — ÉLÉMENTS DOUBLES DIVERS.

—

1re DIVISION. — *Eléments consonne doubles.*

br   pr   vr   fr   dr   tr   gr   cr

phr   chr

bl   pl   fl   gl   cl

phl   chl

Cons. redoublées.   ff   dd   tt   gg   mm   cc

2e DIVISION. — *Eléments voyelle doubles.*

ué	oui	ié	ia	ua	io
ui	ieu	oé	iai	éa	
uir	ouin	ier	ial	uan	ion
uil		ien	ian	ean	iol
uit	ieur	iez	iar		
uis	ieux	iès	iais	oua	oué
euil	ouil	eil	ail		
eu-ie	*ou-ie*	*è-ie*	*a-ie*		

11ᵉ LEÇON. — SYLLABES A ÉLÉMENTS DOUBLES.

I. — Bre bru bri bro bra pre pru pré pro pra vre vré vri fre fru fri fro fra dre dru dro dra tre tru tré tro tra gre gré gri gro gra cre cré cru cro cra — ble blé bli bla ple plé plu pli pla fle flu flé fli flo fla gle glé glu gli glo gla cle clé clu cli clo cla.

II. — Bres bros bras bref bric brer brin brun bran pres prés pris pros prin pren prom vres vrir vrer vril fres frus froc frac frir fron fran dres dras drin drap tres très tros tras tram tren trin gres grés gris grec gros gras gran gron grin cres cris crus cras cric croc crac crer cren cran crin.

III. — Bles bled bloc blir blin blen blan ples plus plom plan fles flux fles flen fler flam flin gles glas gler glin glan cles club clef clis clos clir cler.

IV. — Chré phra chlo phlé breur vreur vroir vrai freur frain frein trois train greur grain groin croix crain bleur pleur plein plain fleur gleur cleur gloi.

V. — Bué pué mué tué rué sué dui bui pui mui fui rui suie lui cui jui roui foui loui joui pieu mieu vieu fieu dieu lieu rieu sieu cieu pié mié viè fié tié dié lié rié nié sié cié jié moé via fia dia tia sia nia bua mua nua tua sua béa mea réa séa géo bio vio fio nio gio.

VI. — Fuir cuir muid duit luit fuit nuit huit suit cuit buis puis fuis duis tuis luis juif gouin

rieur sieur pieux mieux vieux lieux rieux cieux fier
tier mier nier lier bien mien nien dien tien sien pied
miés fiez liez tiez niez giez ciez cier tial lial vian
rien rian niais biais pion tion lion rion nion.

VII. — Cléo théa chien chio quiez xion — brui
bruit bruant brio prieur prié priez prions broui
vrier fruit frouer frian drui driez trui treuil trieur
trié triai true trion groin grié gréa gréo crieur crié
criez cria créa bleuet bleuir blieur blié blia bliai
pluie plieur plier fluet flui fliez glué glier gluant
chloé client.

12ᵉ LEÇON. — Mots et phrases.

1ʳᵉ division. — *Mots.*

I. — Un ar bre, bru nir, la bri de, em bro cher,
em bra ser, des pru nes, pre nez ce la, la pro
mes se, le pré si dent, u ne pra li ne, u ne vri lle,
du sou fre, la fri tu re, le fro ma ge, fra ter ni té,
se per dre, le dro ma dai re, un dra gon, un tré
teau, le tra vail, le vi nai gre, in gra ti tu de, un
mas sa cre, cru ci fier, le crâ ne. — Du sa ble,
u ne blet te, é ta bli, le bla son, un tem ple, plé
ni tu de, le glo be, plu sieurs fois, la pla nè te,
u ne nè fle, la flot te, la fla nel le, un an gle, u ne
é gli se, la gla ce, un o ra cle, u ne é clu se, la
clô tu re.

II. — Des ar bres, un bran don, brin de pa ille,
un sa bre, un ex près, en tre pris, prin ci pal, cou

vrir, promp ti tu de, un ou vroir, des gauf fres, a vril, frus trer, souf frir, sep tem bre, frac tu re, le fron tis pi ce, les fran çais, dras ti que, le cris tal, trem bler, un es croc, tran quil le, les au tres, trin quer, gran dir, grin ce ment, sa crer.

III. — Des sa bles, du blé noir, les nè fles, la blan cheur, les tem ples, plom ba gi ne, u ne plan te, le re flux, les an gles, dé sen fler, glas fu nè bre, la clef, é tran gler, glan du leux, mes on cles, sar cler, les choux fleur.

IV. — Un chré tien, u ne phra se, le phleg mon, le chlo re, un sa breur, un cou vreur, un ou vrier, vrai sem bla ble, en sou freur, le re frain, de l'ai greur, la crain te, un ter re - plein, le plain-chant, le sar cleur.

V. — Un buis son, é co bué, la pou le a mué, dé dui re, la fui te, la rui ne, la jui ve, en foui, fai re cui re, j'ai joui, un é pieu, un es sieu, sé rieu se ment, le pié des tal, la diè te, u ne miet te, le vie illard, l'a mi tié, tor ré fie, le liè ge, u ne as siet te, la moe lle, le via ti que, un fia cre, la tia re, la béa ti tu de, sua vi té, un nua ge, réa gir, le dia ble, un poè le, le bio gra phe, u ne fio le, a da gio.

VI. — Je dé duis, il re luit, il s'en suit, belle nuit, de puis lors, mil le per tuis, bar ra gouin, su pé rieur, se con fier, un en tier, le pre mier, le fram boi sier, l'é co lier, mé ri dien, le main tien, pa rois sien, les al liés, de l'a cier, les bes tiaux, de la vian de, l'a mour fi lial, l'u nion, un vau rien, un es pion.

VII. — Le théâ tre, Cléo pa tre, lan gue de chien, la théo lo gie, gé nu fle xion, u ne flu xion, la brui ne, le bru ant, la brio ne, un prieur, le brou illard, l'u su fruit, u ne frian di se, les drui des, u ne trui te, triom pha teur, la truel le, des griot tes, la pie griè che, le créa teur, sur pri se a gréa ble, un pa ra pluie, le flui de, un san glier, Chloé, c'est con cluant.

2e DIVISION. — *Phrases.*

La nature entière prêche un seul Dieu tout-puissant. Le mal prouve le bien ; ce monde en prouve un autre. La mort n'est pas le néant, ce n'est qu'une métamorphose. Sans religion point de vraie vertu. L'étude conduit à la science, la science peut conduire à tout. L'enfant poli, honnête, pieux, docile et frugal est aimé de tout le monde : il fera la joie de ses parents. Malheur aux enfants ingrats. Mieux vaut être seul qu'en mauvaise compagnie. C'est en vain que les méchants cherchent le bonheur, ils ne le trouveront jamais. L'orgueilleux sera humilié. L'avarice est une folie.

La nature entière prêche un Dieu tout-puissant. Le mal prouve le bien, ce monde en prouve un autre. La mort n'est pas le néant, ce n'est qu'une métamorphose. L'orgueil sera humilié.

CHAPITRE V.

Derniers éléments, entrant dans la composition de quelques mots plus rarement employés.

—

13e LEÇON. — ÉLÉMENTS DIVERS ET PONCTUATION.

—

1re DIVISION. — *Eléments divers.*

sb   sp   sv   sf   st   sl   sc   ps   pn
spl   sph str   scl sgr mn

œud ourg oigt ils ers erf ech eds orts
orps ards ats ient eing eint aint ains
ins oint ent end ons ont ans ant ang
ands amps ens—est se dit è, èt.

2e DIVISION. — *Ponctuation.*

, virgule.   ·· tréma.   ' apostrophe.
. point.   - trait d'un.   é accent aigu.
: deux points.   — tiret.   è accent grave.
; point-virgule.   « » guillemets.   ê accent circonflexe.
? point interrog.   § paragraphe.   [ ] crochets.
! point exclam.   ( ) parenthèses.
... p. suspen.   * astérisque.

14e LEÇON. — SYLLABES ET MOTS.

1re DIVISION. — *Syllabes.*

Leurs mœurs sœurs nœuds œufs bœufs bourg
coups ils cils ers pers nerfs cerf corps morts
chaud gard drap doigt seuil vreuil rouil nouil
leil reil ail bail mail tail geoi trant.

Seing peint chant bans sans nant sant sang grand champ oint point poing.

Mix sub dop cap sep dog sug sfor gyp sla smi sver sbi clif pti pseau pneu mné splen sphé stra stant scan sphinx.

2e DIVISION. — Mots.

Stras bourg, des con tre coups, un re gard, un che vreuil, un ver rouil, le so leil, non pa reil, le bé tail, la man geoi re, des ru bans, les Per sans, a dop ter, main te nant, des sang sues.

U ne mix tion, sub in trant, a dop ter, le gyp se, l'E gyp te, le cap tif, un dog me, un sbi re, sug ges tion, un psau-me, la splen deur, pneu ma ti que, mné mo si ne, in cons tant, u ne sphè re, scan da le, stra té gie, scien ce (ci) scep ti que (cep).

3e DIVISION. — Phrases.

Les dogmes chrétiens sont supérieurs et non contraires à la raison. Puisque Jésus-Christ est fils de Dieu, il est Dieu. Le clocher de Strasbourg est le plus haut qui existe. Le chasseur a tué un chevreuil au lever du soleil. Autrefois l'Egypte était pleine de sphinx et autres monstres. Des sangsues, un clystère, une mixtion sont des remèdes fort communs. La mnémonique est plus utile que mnémosine à la mémoire. Malheur à vous scribes et pharisiens hypocrites. Les psaumes de David sont une magnifique poésie.

Les dogmes chrétiens sont supérieurs et non contraires à la raison. Puisque Jésus-Christ èt le Fils de Dieu, il est Dieu. Le clocher de Strasbourg est le plus haut qui existe.

15e LEÇON. — MOTS DIVERS ET DIFFÉRENCES HOMOGRAPHIQUES.

—

1re DIVISION. — *Mots qui se rencontrent le plus souvent.*

Je du de car celui celle quelque quelqu'un quelquefois quoi dessus dessous sur même encore mais ni lorsque ceci cela voilà peu trop beaucoup avant après plus moins assez ainsi aussi rien bien mal pourquoi comme comment aujourd'hui hier demain c'est-à-dire.

Volontiers plutôt alors combien quand enfin ensuite donc quoique un une il elle lui le la les que qui vous nous leur on notre votre avec et est sans pas par pour dans.

2e DIVISION. — *Différences homonymes.*

Nous portions nos portions dans les champs.
Ces poules couvent dans le jardin du couvent.
Les riches convient quand cela leur convient.
On est content d'entendre des vieux qui content des
    contes.
Le conte de M. le comte ne fait pas mon compte.
Les hommes violents violent toutes les convenances.
Il ne put retorquer les objections que nous lui
    objections.
Il a été condamné à l'amende pour avoir volé des
    amandes.
Cinq cordeliers sains de corps et d'esprit, ceints de
    leurs cordons, portaient dans leur sein le seing du
    Saint-Père.

CHAPITRE VI.

Récapitulation des principales difficultés et règles de lecture.

(Le maître doit faire connaître ces règles à mesure que l'occasion s'en présente.)

16e LEÇON. — VALEURS EXCEPTIONNELLES. — ÉQUIVALENTS. — LIAISONS.

1re DIVISION. — *Valeur exceptionnelle de quelques lettres.*

se *s'écrit par* ce ceci force glace puce celer céléri.

si *par* ci cigale cidre cicatrice cécité.

je *par* ge cage juge général gémir générosité.

ji *par* gi gite girafe agir origine régime.

z *par* s' bise rasoir toison cerise rose épouse

s *par* ç maçon reçu façade gerçure façon.

f *par* ph phénix phare phrase siphon.

c *par* qu quête quatre brique quoique quine.

c *par* ch écho chœur choléra chaos archange orchestre.

si *par* ti portion ration partial martial action faction national inertie balbutier.

cs *par*. x fixe élixir oxide maxime axiome excuse laxatif dans le corps des mots.

gz *par* x exil exigu exorde exercice exalté exactitude et autres commenc. de mots. |

g *par* c second seconder secondement.

ss *par* x soixante Auxonne Auxerre.

z *par* x dixaine deuxième sixième.

g n *par* gn a g nus ig nition reg nicole g nomon ig né.

è *s'écrit par* e amer cruel mortel chef berline
ermite pervers bec échec fer mer
ver cher fier hier amer hiver
enfer éther.

ii *par* y loyal royal bruyère tutoyer layette
pitoyable aboyeur — payen *se dit* pa-ïen

2e DIVISION. — *Equivalents.*

è *s'écrit par* ai chaîne laine maître semaine.
è *par* ei peine veine seize reine baleine.
ô *par* au aucun jaune pauvre taupe.
a *par* e femme solennité prudemment.
é *par* ez nez venez assez lisez chantez.
é *par* er manger aimer cocher boucher.
é *par* œ fœtus œdème œsophage.
u *par* eu il a eu j'eus tu eus il eut.
euil *par* ueil recueil écueil orgueil.
an *par* en encre mentir encore lentement.
an *par* am em ambre tampon empire temple.
in *par* im imbu impoli limbe timbre.
on *par* om ombre tombe bombe pompe.
in *par* en mentor vendéen benjoin Européen hymen amen.
om *par* um album factum opium.
ou *par* u équateur aquatique quatuor.
ou *par* w wisk wiski.
ill *par* il, ll, l portail bail travail fille bille famille
pillage babil péril persil — ill au
commencement des mots se sépare il-lustre.

3e DIVISION. — *Lettres nulles.*

c *nul dans* broc tabac jonc lacs cric escroc, etc.

d *nul dans*	nid froid bavard.
g *nul dans*	sang étang faubourg.
l *nul dans*	outil fusil baril gril persil sourcil.
p *nul dans*	drap galop baptême.
s *nul dans*	repos refus secours science, etc.
t *nul dans*	salut profit avocat.
x *nul dans*	prix époux frileux.
nt *nul dans*	ils aiment ils rêvent ils voient *et autres verbes au pluriel.*
a *nul dans*	août aoriste taon Saône aoûteron.
e *nul dans*	asseoir Jean surseoir beauté rideau
o *nul dans*	faon paon Laon.
h *nul dans*	habile trahir rhume thé méthode.
h aspiré est nul, mais il empêche l'élision et la liaison.	{ le hameau le héros les hameaux les héros.

Règle sur les consonnes redoublées.

La première des lettres redoublées est ordinairement nulle. — O ccupé éto ffe vi llage po mme ca nne na ppe beu rre bo ssu bo tte.

EXCEPTIONS. — Im moral im mérité im mense *et les mots en imm). Les noms propres* Em manuel Am mon Cin na *et* mam mifère com motion con nivence an nuler, *etc*, ir ruption tu mour ras Pyr rhon er reur ter rible, *etc.*, gut tural at tique ac cessit ac cident ad dition red dition , *etc.* sug gérer.

4e DIVISION. — *Liaison des mots.*

Lisez tabac à fumer *comme s'il y avait* (taba ca fumé) soif ardente (soi fardente) total exact (tota lexact) mon ami (mo nami) amour inconstant (amou rinconstan) trop étroit (tro pétroit) vous écrirez (vou zécriré).

Elisions.

Lisez.	Comme s'il y avait.
Ils sont perdus.	Il son perdu.

Je devais retourner vers vous.   Je devai retourné ver vou
Soyez donc fermes.   Soyé don ferme.
Il parle aux bêtes.   Il par lau bête.
Homme inconstant.   Ho minconstan.
Notre âme est invisible.   No tra mé tinvisible.

5e DIVISION. — *Abréviations.*

Mr M. Monsieur.   S. M. Sa Majesté.
MM. Messieurs.   S. A. I. Son Altesse Impériale.
Mme Madame.   S. A. R. Son Altesse Royale.
Mlle Mademoiselle.   S. E. Son Excellence ou Emin.
Me Maître.   S. S. Sa Sainteté.
M^d Marchand.   D^t. Demeurant.
Le S^r Le sieur.   Dép^t. Département.
V^e veuve.   C.-à-d. C'est-à-dire.
D. Demande.   N B. Nota bene, notez bien.
R. Réponse.   P.-S. Post-scriptum.
v. Verset.   Ex. Exemple.
R̃. Répons.   N° Numéro.
J.-C. Jésus-Christ.   D^r. Docteur, dernier.
S. Saint.   7bre Septembre.
1er. Premier.   8bre Octobre.
IIe ou 2e deuxième.   9bre Novembre.
Id. Idem.   X. ou x^bre Décembre.

I	V	X	L	C	M	D	MDCCCLXVI
1	5	10	50	100	1000	500	1866

17e LEÇON. — NOMS PROPRES LES PLUS EMPLOYÉS.

A. Antoine Alexis Ambroise Auguste André Adrien
Amédée Arsène Artémon Alphonse Anatole Alexandre. —
B. Baptiste Basile Barthélemi Bernardin Benoît — C
Cyprien Casimir Calixte Charles Clément. — D. Damien
Denis Désiré. — E. Etienne Eugène Eloi. — F. François
Ferdinand. — G. Grégoire Germain Gabriel. — H. Henri
Hippolyte Hilaire. — I. Isidore. — J. Jules Julien Justin

Jérôme. — **K**. Kostka. — **L**. Louis Lucien Laurent Léon Léopold Léonard. — **M**. Martin Maurice Michel. — **N**. Napoléon Nestor. — **O**. Omer Othon. — **P**. Pierre Paul Philippe Prosper. — **Q**. Quintin. — **R**. René Raymond Remi Robert. — **S**. Simon Sylvain. — **T**. Tite Timothée. — **U**. Urbain. — **V**. Victor. — **X**. Xavier Xiste. — **Y**. Yves Yon. — **Z**. Zacharie. — Jean Joseph Guillaume.

Noms de femme. — Anne Agnès Alix. — Béline Blanche. — Claire Catherine Cécile. — Dorothée. — Eugénie Elisa Eulalie Euphrasie. — Foi, Félicité. — Germaine Geneviève. — Henriette Hortense. — Irma. — Justine Julie. — Louise Lucie Léonie. — Marie Marguerite. — Noémi. — Opportune. — Pauline. — Quitterie. — Rose. — Sophie. — Théodie. — Ursule. — Victoire. — Zoé.

18ᵉ LEÇON. — NOMBRES.

0	1	2	3	4	5	6	7	8	9
10	11	12	13	14	15	16	17	18	19
20	21	22	23	24	25	26	27	28	29
30	31	32	33	34	35	36	37	38	39
40	41	42	43	44	45	46	47	48	49
50	51	52	53	54	55	56	57	58	59
60	61	62	63	64	65	66	67	68	69
70	71	72	73	74	75	76	77	78	79
80	81	82	83	84	85	86	87	88	89
90	91	92	93	94	95	96	98	98	99
100	101	102	103	104	105	106	107	108	109
200	300	400	500	600	700	800	900	1000	1001
2000	3000	4000	5000	6000	7000	8000	9000	10000	10001

170 cent soixante-dix.
375 trois cent soixante-quinze.
482 quatre c. quatre-vingt-deux
597 cinq c. quatre-vingt-dix-sept
707 sept cent sept.
888 huit cent quatre-vingt-huit.

1001 mille un.
1010 mille dix.
1111 mille cent onze.
2367 deux mille trois c. soix.-sept
6478 six m. quat. c. soix.-dix-huit
12349 douze m. tr. c. quar.-neuf.

CHAPITRE VII.

Lecture courante.

—

19e LEÇON. — LECTURE DE LA PROSE.

—

1re DIVISION. — *Prières.*

Oraison dominicale. — Notre Père qui êtes aux cieux, que votre nom soit sanctifié, que votre règne arrive, que votre volonté soit faite sur la terre comme au Ciel; donnez-nous aujourd'hui notre pain de chaque jour; pardonnez-nous nos offenses comme nous pardonnons à ceux qui nous ont offensés, et ne nous laissez pas succomber à la tentation, mais délivrez-nous du mal. Ainsi soit-il.

Salutation angélique. — Je vous salue, Marie, pleine de grâce, le Seigneur est avec vous; vous êtes bénie entre toutes les femmes, et Jésus, le fruit de votre sein, est béni. Sainte Marie, Mère de Dieu, priez pour nous pauvres pécheurs, maintenant et à l'heure de notre mort. Ainsi soit-il.

Symbole des Apôtres. — Je crois en Dieu le Père Tout-Puissant, Créateur du Ciel et de la terre, et en Jésus-Christ, son Fils unique, Notre-Seigneur, qui a été conçu du Saint-Esprit, qui est né de la Vierge Marie, qui a souffert sous Ponce-Pilate, a été crucifié, est mort, a été enseveli, est descendu aux enfers, le troisième jour est ressuscité d'entre les morts, qui est monté au Ciel, est assis à la droite de Dieu le Père Tout-Puissant, d'où il viendra pour juger les vivants et les morts. Je crois au Saint-Esprit, la Sainte Eglise catholique, la communion des Saints, la rémission des péchés, la résurrection de la chair, la vie éternelle. Ainsi soit-il.

2e DIVISION. — *Lecture du latin*.

(La lecture du latin est facile, on prononce toutes les lettres par leur nom propre, les seules exceptions sont à peu près les suivantes : *un* et *um* à la fin des syllabes sonnent *on*, *om*, *secundum* dites *secondom*. Les exceptions sur le *c* et le *g* sont les mêmes que pour le français *cicero* dites *sissero*. *Ti* sonne souvent *si*, *gratia* dites *gracia*. L'*s* s'adoucit entre deux voyelles, *rosa* dites *roza*. L'*u* qui suit le *gu* sonne ordinairement *quique* dites *cuicué*. Cependant il ne sonne pas dans *quorum* et autres mots, dites *corom*, quelquefois il se dit *ou*, *quatuor*, *couatuor*. Il n'y a de lettre muette que *h* ; elle n'a d'effet que dans *ph*. Le *ill* et *gn* ne se mouillent jamais.

Pater. — Pater noster qui es in cœlis, sanctificetur nomen tuum, adveniat regnum tuum, fiat voluntas tua sicut in cœlo et in terra, panem nostrum quotidianum da nobis hodie, dimitte nobis debita nostra sicut et nos dimittimus debitoribus nostris, et ne nos inducas in tentationem, sed libera nos a malo. Amen.

Ave Maria. — Ave Maria, gratia plena, Dominus tecum benedicta tu in mulieribus et benedictus fructus ventris tui, Jesus. — Sancta Maria, Mater Dei, ora pro nobis peccatoribus nunc et in hora mortis nostræ. Amen.

Credo. — Credo in Deum Patrem omnipotentem, Creatorem cœli et terræ, et in Jesum-Christum filium ejus unicum, Dominum nostrum, qui conceptus est de Spiritu Sancto, natus ex Maria virgine, passus sub Pontio Pilato, crucifixus, mortuus et sepultus, descendit ad inferos, tertia die resurrexit à mortuis, ascendit in cœlum, sedet ad dexteram Dei patris omnipotentis, inde venturus est judicare vivos et mortuos.

Credo in Spiritum Sanctum, Sanctam Ecclesiam Catholicam, Sanctorum communionem, remissionem peccatorum, carnis resurrectionem, vitam æternam. Amen.

3e DIVISION. — *Lecture à livre ouvert*.

LE JUGEMENT DE DIEU.

Evangile selon saint Mathieu. Chapitre 25, verset 31.

Or, quand le Fils de l'homme viendra dans sa gloire avec tous les saints Anges, alors il s'asseyera sur le trône de sa gloire. — Et toutes les nations seront assemblées devant lui, et il séparera les uns d'avec les autres, comme un berger sépare les brebis d'avec les boucs. — Et il mettra les brebis à sa droite et les boucs à sa gauche. — Alors le Roi dira à ceux qui seront à sa droite : Venez, vous qui êtes les bénis de mon Père, posséder en héritage le royaume qui vous a été préparé dès la création du monde; — Car j'ai eu faim et vous m'avez donné à manger ; j'ai eu soif, et vous m'avez donné à boire ; j'étais étranger, et vous m'avez recueilli ; — J'étais nu, et vous m'avez vêtu ; j'étais malade, et vous m'avez visité ; j'étais en prison, et vous m'êtes venu voir. — Alors les justes lui répondront : Seigneur, quand est-ce que nous t'avons vu avoir faim, et que nous t'avons donné à manger ; ou avoir soif, et que nous t'avons donné à boire ? — Et quand est-ce que nous t'avons vu étranger, et que nous t'avons recueilli ; ou nu, et que nous t'avons vêtu ? — Or quand est-ce que nous t'avons vu malade ou en prison, et que nous sommes venus te voir ? — Et le Roi, répondant, leur dira : Je vous dis en vérité que toutes les fois que vous avez fait ces choses à l'un de ces plus petits de mes frères, vous me les avez faites à moi-même. — Ensuite, il dira à ceux qui seront à sa gauche : Retirez-vous de moi, maudits, et allez dans le feu éternel, qui était préparé au diable et à ses anges ; — Car j'ai eu faim, et vous ne m'avez pas donné à manger ; j'ai eu soif, et vous ne m'avez pas donné à boire ; — J'étais étranger, et vous ne m'avez pas recueilli ; j'étais nu, et vous ne m'avez pas vêtu ; j'étais malade et en prison, et vous ne m'avez pas visité. — Et ceux-là lui répondront aussi : Seigneur, quand est-ce que nous t'avons vu avoir faim, ou soif, ou étranger, ou nu, ou malade, ou en prison, et que nous ne t'avons point assisté ? — Et il leur répondra : Je vous dis en vérité que toutes les fois que vous ne l'avez pas fait à l'un de ces plus petits vous ne me l'avez pas fait non plus. — Et ceux-ci s'en iront aux peines éternelles ; mais les justes s'en iront à la vie éternelle.

20e LEÇON. — LECTURE DES VERS.

—

LA JEUNE SOURIS. — Fable.

Une jeune souris sortant de sa tanière,
　　Aperçoit une souricière,
　　C'est une tuile en trébuchet.
　　Mais, elle, instruite de ce fait,

Hé ! dit-elle, gare à la trappe ;
Combien les hommes sont malins !
Mais, s'il le faut, soyons plus fins
Qu'eux. Je parie si je m'attrape.
Gardons-nous de manger le lard
Qui sert d'appât au traquenard ;
Mais le flairer ne peut me nuire.
Elle allonge son nez, puis sitôt se retire,
Puis flaire encor, heurte l'appât,
Aussitôt, pouf ! voilà mon rat
Pris. Il périt comme périrent
Tous ceux qui du danger se rirent.

LA CONFESSION. — Apologue.

Certain monarque, un jour, visitant les galères,
Fut tout surpris d'y voir de si grandes misères ;
Le cœur gros, notre potentat,
Demandait à chaque forçat,
Qui l'avait mis en cet état :
Un rien, chacun disait, ou bien c'est peu de chose,
L'erreur, les faux témoins de mon malheur sont cause.
Un seul, courbant la tête et ne répondant rien ;
Le prince insiste : — il dit : Je suis un misérable
Qui mérite bien pis. — Sors d'ici pauvre diable,
Dit le roi, ne sois plus avec ces gens de bien.

Soumis avec respect à sa volonté sainte,
Craignez Dieu, chers enfants, n'ayez
point d'autre crainte.

Rodez, imprimerie de N. RATERY, rue de l'Emberguc, 21.